Para Elena y Dave que son la inspiración de todo.
For Elena and Dave who are the inspiration for everything.

Con un profundo agradecimiento para Ligia.
With deep gratitude to Ligia.

CECILIA ES COCINERA

Written and Illustrated by
Ira Beltrán

CECILIA ES COCINERA

Published by Mungo Books

Soy Cecilia. Cuando tenía cinco años, mi mamá comenzó a enseñarme a cocinar. Ella es una excelente cocinera, y yo soy una excelente discípula.

I am Cecilia. When I was five years old, my mother began to teach me how to cook. She is an excellent cook, and I am an excellent student.

Picar cebollas me hace llorar. Mi mamá me acaricia la cabeza y me dice: "calma, tú cierra los ojitos."

Chopping onions makes me cry. My mother pats my head and says: "It's OK, just close your eyes."

Cuando hacemos tortillas en el comal cantamos así:

"Tortillitas de manteca para mamá que está contenta.
Tortillitas de cebada para Celia que está cansada.
Tortillitas de centeno para Carlos que es muy bueno.
Tortillitas de salvado para mi cuate Conrrado.
¡Tortillitas con limón para César comelón!"

When we make tortillas on the comal we sing this song:

"Little tortillas made with lard for mommy who's happy.
Little tortillas made with barley for Celia who is tired.
Little tortillas made with rye for my buddy Conrrado.
Little tortillas with some lime for César. He's a glutton!"

Las especias hacen que todo sepa delicioso. El comino, la albahaca y el laurel son muy comunes en la cocina mexicana. A mí me encanta el olor de la canela y el cilantro.

Spices make everything taste delicious. Cumin, basil and laurel are very common in Mexican cooking. I love the smell of cinnamon and cilantro.

Lo mejor para el caldo de verduras son las acelgas recién cortadas. Las espinacas también le dan buen sabor, pero se puede cambiar la receta. ¿Cuáles son tus verduras favoritas? ¡Puedes echarlas todas a la cacerola! Yo recomiendo el brócoli y la coliflor.

Freshly cut chard is the best for a vegetable broth. Spinach also gives it a nice taste, but you can change the recipe. What are your favorite vegetables? You can add them all to the pot! I recommend broccoli and cauliflower.

Con los cuchillos hay que tener mucho cuidado. Mi mamá pica las coles porque es muy difícil. Yo rebano las calabacitas que no son tan duras.

You have to be very careful when using knives. My mom chops the cabbage because that's very difficult. I slice zucchinis which are not as hard.

Cuando preparamos ceviche, vamos al mercado a comprar corvina, cangrejo y camarón. La corvina se macera en limón durante cuatro horas. Mi mamá dice que el pescado para el ceviche siempre debe ser fresco, nunca congelado.

When we make ceviche we go to the market to buy sea bass, crab and shrimp. The sea bass must marinade in lime juice for four hours. My mom says that fish for ceviche must always be fresh, never frozen.

No hay nada como el pan dulce con chocolate para la cena. A mí, el pan de nueces, las conchas y los cocoles me fascina-a-a-a-a-a-an.

There's nothing like pastries and hot chocolate for supper. I love nut bread, conchas and coco-o-o-o-les.

El dulce de calabaza y la capirotada se cuecen con piloncillo. El piloncillo se hace de la caña de azúcar y viene en conos enormes que se compran en el mercado ¡Mi mamá dice que estos postres son de la época de la colonia!

Pumpkin stew and capirotada are cooked in piloncillo. Piloncillo is made with cane sugar and it comes in huge cones that you buy in the market. My mom says these deserts come from colonial times!

La rosca de reyes lleva frutas secas, cerezas y azúcar encima. La preparamos para convidar a nuestros vecinos el día de Reyes. ¡El que encuentre el muñeco dentro de la rosca tiene que hacer tamales para todos los invitados el día de la Candelaria!

Three Kings' bread has dried fruit, cherries and sugar on top. We make it to share with our neighbors on the day of the Epiphany. The person that finds the doll hidden inside must make tamales for all the guests on the day of Candlemas!

Los cocineros necesitan tener mucha paciencia y ¡NUNCA deben tener las manos sucias!

Cooks must be very patient and they must NEVER have dirty hands!

Hacer guacamole es muy fácil y además es delicioso. Si lo quieres hacer, vas a necesitar dos aguacates, media cebolla picada, medio jitomate, y mucho cilantro. Si quieres, también puedes agregarle chiles.

Making Guacamole is very simple and it's also delicious. If you want to make it, you will need two avocadoes, half a chopped onion, half a tomato and a bunch of cilantro. If you want you can also add chiles.

Receta para hacer guacamole

Ingredientes:

2 aguacates maduros
½ cebolla picada
3 cucharadas de cilantro picado
½ jitomate picado
½ cucharada de sal
Si quieres puedes agregar medio chile serrano, picado y sin semilla.

1. Corta los aguacates por la mitad. Saca el hueso. Saca la pulpa de los aguacates y aplástala en un plato hondo con un tenedor.

2. Añade los otros ingredientes y mézclalos suavemente.

Guacamole Recipe

Ingredients:

2 ripe avocados
½ chopped onion
3 tablespoons chopped cilantro
½ chopped tomato
½ tablespoon salt
If you like, you can add half a serrano chile, chopped. Remove the seeds.

1. Cut the avocados in half. Take out the pits. Take the fruit from the skin and mash it in a bowl using a fork.

2. Add the rest of the ingredients and mix them gently.

Nota de la autora: libros fonéticos en español

Cuando mi hija comenzó a leer en español, le resultaba difícil acostumbrarse a los distintos sonidos de letras como la "C", la "G" y la "Q". Mi afán al hacer estos libros fonéticos en español fue darle textos para practicar esas letras, con ilustraciones atractivas, y una traducción al inglés que apoyara su aprendizaje bilingüe. Mi esperanza ahora es que el producto de ese esfuerzo pueda ayudar a otros niños.

La mayoría de las piezas de cerámica ilustradas en este libro se inspira en la Talavera de Puebla mexicana.

Author's Note: Spanish Phonetic Books

When my daughter began to learn to read in Spanish she had trouble getting used to the different sounds in letters like "C," "G," and "Q." My hope, in writing these Spanish phonetic books was to give her texts to practice those sounds with attractive illustrations and an English translation to support her bilingualism. My hope now is that this effort might help other children too.

Most of the ceramic pieces that are depicted in this book are inspired by the Talavera pottery from the state of Puebla in Mexico.

www.ingramcontent.com/pod-product-compliance
Lightning Source LLC
LaVergne TN
LVHW070153230826
846093LV00002B/17
9780692343722